COLLECTION

DE

M. VIOLLET

DE TOURS

250 TABLEAUX

ANCIENS ET MODERNES

DE DIVERSES ÉCOLES

Carrache, Carlo Dolci, Guerchin, Locatelli, Salvator Rosa, Titien
Paul-Véronèse, Vélasquez, Moralès, Van Dalen
Breughel dit de Velours, Paul Bril, Terborg, Van Dyck, Franck, Van Goyen
Goltzius, Huysmans, Porbus, Ruysdaël, Seghers, François Snyders
David Téniers, Wouvermans, Boucher
Bertin, Charlet, Drolling, Debucourt, Lantara, Fragonard
Huet, Mignard, Poussin, Rigaut, Lesueur, Swebach, Taunay, Van Loo
Horace Vernet, Boilly, Raffet, Joseph Vernet, Leslie, Nogarth, Sauterre et autres

ŒUVRES IMPORTANTES

de Rubens, Lucas Van Leyden, Ribera, Craesbeke, Chardin
et Lancret

MINIATURES DE SAUVAGE, GRAVURES

FAIENCES ANCIENNES

de Rouen, Sinceny, Nevers, Moustiers, Delft et autres

PORCELAINES DE SÈVRES, PATE TENDRE ET AUTRES

CURIOSITÉS, OBJETS DE VITRINE

Tabatières, Montres, Éventails, Cachets, Bijoux, superbes Ivoires
de différentes époques

MEUBLES ANCIENS

MAGNIFIQUE ÉCRAN EN TAPISSERIE AU PETIT POINT

Représentant le *Sacrifice d'Abraham*

Provenant de l'Abbaye de Marmoutiers, près Tours

DONT LA VENTE AURA LIEU

HOTEL DROUOT, SALLE N° 9

Les Jeudi 22, Vendredi 23, Samedi 24 et Lundi 26 Décembre 1881

A DEUX HEURES

Par le ministère de **M° MARLIO**, Commissaire-Priseur,
rue Drouot, 25;

Assisté de **M° MEISSONNIER**, Expert, rue Grange-Batelière, 18.

CHEZ LESQUELS SE TROUVE LE CATALOGUE.

EXPOSITION PUBLIQUE

Le Jeudi 22 Décembre 1881, de une heure à quatre heures
et les autres jours avant la vente.

PARIS — 1881

CONDITIONS DE LA VENTE

La vente sera faite au comptant.

Les Acquéreurs paieront CINQ POUR CENT, en sus du prix d'adjudication, applicables aux frais.

ORDRE DES VACATIONS

Le Jeudi 22 Décembre 1881, à 4 heures

Porcelaines, Faïences

Le Vendredi 23 Décembre 1881, à 2 heures

Continuation des Faïences et Curiosités

Le Samedi 24 Décembre 1881, à 2 heures

Tableaux, Gravures

Le Lundi 26 Décembre 1881, à 2 heures

Tableaux, Meubles

DÉSIGNATION

DES

TABLEAUX

RUBENS

1 — Saint Martin partageant son manteau.

> Panneau. — H. 60 c. L. 47 c.

VAN LEYDEN (Lucas)

2 — Jésus portant sa croix. Nombreux personnages.

> Panneau. — H. 1 m. 12 c. L. 75 c

RIBÉRA

3 — Le Miracle des Colombes.

> Toile. — H. 1 m. 16 c. L. 76 c.

CRAESBEKE

4 — Concert de Bohémiens.

Une Musette crevée, d'où sortent des chanteurs ambulants.

Panneau. — H. 90 c. L. 50 c.

CHARDIN

5 — Jeune Fille en lecture.

D'une rare finesse,

Toile. — H. 70 c. L. 45 c.

LANCRET

6 — Le beau Jardinier (Scène champêtre).

Toile. — H. 58 c. L. 75 c.

RIGAUT

7 — Portrait du duc de Vendôme.

Toile. — H. 1 m. 10 c. L. 80 c.

VAN LOO

8 — Portrait de femme jouant de la vielle.

Toile. — H. 80 c., L. 63 c.

ÉCOLE ITALIENNE

CARRACHE (Annibal)

9 — Le Christ soutenu par les Anges.

10 — Le Christ mourant sur les genoux de la Vierge.

PIETRE DE CORTONE

11 — Saint Hyacinthe emportant les reliques.

DOLCI (Carlo)

12 — Le Sommeil de l'Enfant Jésus.

GÉRARD DELLA NATTA

13 — Saint Gérôme (Effet de lumière).

Toile. — H. 96 c. L. 1 m. 25 c.

GUERCHIN

14 — Tête d'homme.

LE GUIDE

15 — La Lucrèce.

Toile. — H. 89 c. L. 70 c.

LUCATELLI (André).

16 — Paysage avec animaux.

Toile. — H. 45 c. L. 55 c.

PAOLO DA PISTOIA

17 — Sainte Madeleine.

Toile. — H. 60 c. L. 48 c.

PESILLY

18 — Martyr de saint Jean.

Bois gothique. — H. 79 c. L. 53 c.

ROMAIN (Jules)

19 — Femme tenant son enfant.

Toile. — H. 72 c. L. 60 c.

SALVATOR ROSA

20 — Magnifique Paysage avec roches, arbres et personnages.

Toile. — H. 1 m. L. 75 c.

SERVANDONI (Jérôme)

21-22 — Deux Gouaches sur bois (Marine).

H. 33 c. L. 53 c.

TITIEN

23 — Le Denier de César.

H. 74 c. L. 53 c.

24 — L'Assomption.

Toile copie provenant de la Collection de la duchesse de Berry.

H. 60 c. L. 32 c.

25 — Sébastien del Piombo.

SÉBASTIEN DEL PIOMBO

26 — La Fuite en Egypte.

Toile. — H. 40 c. L. 50 c.

VÉRONÈSE (Paul)

27 — L'Adoration des Mages.

Toile. — H. 70 c. L. 90 c.

INCONNUS

28 — Mort d'Abel.

Toile. — H. 29 c. L. 57 c.

29 — Saint Pierre.

Bois. — H. 35 c. L. 25 c.

30 — Un Médaillon.

Bois. — H. 35 c. L. 25 c.

31 — Entrée du Pape et des cardinaux à Rome.

H. 28 c. L. 53 c.

ÉCOLE ESPAGNOLE

JORDANO (Lucas)

32 — Descente de croix.

Toile. — H. 1 m. 55 c. L. 1 m.

VELASQUEZ

33 — Portrait d'un Camaldule.

Toile. — H. 60 c. L. 50 c.

JOANNÈS (Vincent)

34 — Ecce Homo.

Bois. — H. 63 c. L. 45 c.

INCONNUS

35 — Sainte Scolastique et saint Benoît.

H. 40 c. L. 45 c.

36 — Saint François d'Assise.

Toile. — H. 88 c. L. 95 c.

37 — La Mort de saint Joseph.

Toile. — H 68 c. L. 95 c.

MORALÈS

38 — Tête de Christ.

Bois. — H. 50 c. L. 45 c.

ÉCOLES FLAMANDE & HOLLANDAISE

—

VAN BALEN

39 — La Vierge, l'Enfant Jésus entouré d'anges.

Bois. — H. 47 c. L. 63 c.

VAN HOOGENBUSGZE

40 — Bouquets de fleurs.

— H. 45 c. L. 35 c.

BOUT et BAUDYNS

41-42 — Deux Pendants (Paysages avec animaux et personnages).

Bois. — H. 30 c. L. 35 c.

BREUGHELS DE VELOURS (dit)

43 — L'Entrée dans l'arche.

Bois. — H. 40 c. L. 55 c.

BREUGHELS (le Vieux)

44 — Corbeille de fleurs.

Bois. — H. 46 c. L. 62 c.

BRIL (Paul)

45-46 — Deux Paysages.

Bois. — H. 45 c. L. 90 c.

47 — Paysage.

Cuivre. — H. 34 c. L. 48 c.

CRAYER (GASPARD)

48 — Extase de saint François.

Cuivre. — H. 34 c. H. 27 c.

TERBURG (Signé)

49 — Le Gâteau des rois.

H. 45 c. L. 40 c.

CUYP (Signé ALBERT)

50 — Paysage avec animaux.

Bois. — H. 30 c. L. 39 c.

VAN DYCK

51 — Ecce Homo.

Bois. — H. 48 c. L. 36 c.

52 — Jésus apparaissant en jardinier.

Cuivre. — H. 35 c. L. 29 c.

53 — Le Spassimo de la Vierge.

Bois. — H. 51 c. L. 39 c.

DIEPENBEKE (Signé)

54 — Jésus au milieu des docteurs.

Cuivre. — H. 65 c. L. 83

FRANCK (Signé François)

55 — Le Festin de Balthazar.

Cuivre. — H. 38 c. L. 53 c.

FYT

56 — Gibier et Chien.

Toile. — H. 58 c. L. 58 c.

VAN GOYEN

57 — Paysage avec marine.

Bois. — H. 58 c. L. 8 c.

58 — Marine.

Bois. — H. 25 c. L. 35 c.

59 — Marine.

Bois. — H. 95 c. L. 35 c.

60 — Grande Marine.

Toile. — H. 40 c. L. 1 m.

GOLTZIUS

61 — Suzanne au bain.

Bois. — H. 45 c. L. 40 c.

62 — La Flagellation.

Cuivre, — H. 30 c. L. 25 c

HUYSMANS

63 — Paysage.

Bois. — H. 35 c. L. 25 c.

HORREMANS

64 — La Boutique du Savetier.

Toile. — H. 15 c. L. 40 c.

VÉNIUS (OTTO)

65 — Le Denier de César.

Bois. — H. 76 c. L. 1 m. 05 c.

66-70 — Les cinq Sens.

Cinq panneaux. — H. 53 c. L. 42 c.

PORBUS

71 — Portrait de femme de la Cour.

H. 67 c.

RUYSDAEL

72 — Marine (Effet de soleil couchant).

Bois. — H. 47 c. L. 60 c.

SEGHERS

73 — Vierge entourée de fleurs.

Coivre. — H. 25 c. L. 20 c.

RUBENS

74 — Portrait d'un garde-chasse.

Bois. — H. 60 c. L. 45 c.

SNYDERS (François)

75 — La Chasse du sanglier.

Bois. — H. 72 c. L. 1 m. 08 c.

TÉNIERS (David fils)

76 — Garde-Chasse avec chiens et chasseurs.

Bois. — H. 22 c. L. 22 c.

77 — Paysage.

Vente Thibeaudeau. Bois. — H. 26 c. L. 44 c.

78 — Paysage avec personnages.

TÉNIERS (Père)

79 — Intérieur d'une tabagie.

Toile. — H. 30 c. L. 40 c.

WOUVERMANS

80 — Petite Bataille.

Bois. — H. 15 c. L. 25 c.

WOUVERMANS

81 — Bataille.

Bois. — H. 35 c. L. 40 c.

MORO (Antonio)

82 — Portrait d'Elisabeth d'Angleterre.

H. 35 c. L. 60 c.

INCONNUS

83-84 — Deux Pendants (Mendiants).

Signé J.-A. Bois. — H. 13 c. L. 13 c.

85-86 — Deux Paysages flamands.

Bois. — H. 30 c. L. 40 c.

87 — Sainte Famille.

Cuivre. — H. 20 c. L. 18 c.

88 — Mise au tombeau.

Cuivre. — H. 16 c. L. 14 c.

ÉCOLE FRANÇAISE

—

BERTIN

89 — Paysage.

Toile. — H. 12 c. L. 20 c.

BOUCHER

90 — Paysage avec moulin.

Toile. — H. 32 c. L. 22 c.

CABAT

91 — Paysage.

Toile. — H. 44 c. L. 54 c.

CHARLET

92 — Tête de soldat.

Toile. — H. 16 c. L. 12 c.

CHARLET

93 — Tête de buveur.

Toile. — H. 16 c. L. 12 c.

94 — Retraite de Russie.

Toile. — H. 38 c. L. 35 c.

DELACROIX (Élève de VERNET)

95 — Les Cascades de Tivoli.

Toile. — H. 23 c. L. 30 c.

DROLLING

96 — Intérieur d'une Cuisine.

Toile. — H. 50 c. L. 44 c.

DEBUCOURT

97 — La Cruche cassée.

Bois. — H. 18 c. L. 16 c.

LANTARA

98-99 — Deux Paysages.

H. 12 c. L. 16 c.

100-101 — Deux Paysages.

Ovales sur bois. — H. 15 c. L. 15 c.

LENAIN ou PAROCEL

102 — Scènes de buveurs Seigneurs.

Toile. — H. 1 m. 10 c. L. 1 m. 30 c.

FRAGONARD (Honoré)

103 — La Fidélité.

Bois. — H. 32 c. L. 25 c.

104 — La Bergère endormie.

Toile. — H. 37 c. L. 45 c.

HUET

105 — Paysage.

Toile ovale. — H. 21 c. L. 20 c.

MIGNARD

106 — Sainte Famille.

Toile. — H. 45 c. L. 38

POUSSIN (Nicolas)

107 — Paysage avec personnages.

Toile. — H. 1 m. 05 c. L. 85 c.

LE SUEUR

108 — Saint Bruno.

Toile. — H. 30 c. L. 15 c.

SWEBACH

109 — Grand Paysage avec cavaliers.

Toile. — H. 45 c. L. 54 c.

110 — Petit Paysage avec cavaliers.

Toile. — H. 22 c. L. 30 c.

TAUNAY

111 — Paysage avec animaux et personnages.

Toile. — H. 23 c. L. 32 c.

VERNET (Horace)

112 — Marche en Vendée.

Bois. — H. 12 c. L. 12 c.

113 — Prise de la caserne de Babylone.

H. 1 m. 30 c. L. 1 m. 10 c.

BOILLY

114 — Scène de famille.

Toile. — H. 40 c. L. 35 c.

RAFFET

115 — Escarmouche.

Toile. — H. 30 c. L. 25 c.

VERNET (JOSEPH)

116 — Coup de vent (Marine).

H. 38 c. L. 44 c.

BERGHEM

117 — Paysage avec animaux.

Bois. — H. 32 c. L. 27 c.

YAN D'ARGENT

118 — Paysage (Effet d'orage).

H. 20 c. L. 32 c.

SANTERRE

119 — Grand Portrait de femme en pied.

VERNET (Horace)

120 — Le Soldat de Waterloo.

Toile. — H. 55 c. L. 46 c.

121 — Cheval s'abreuvant dans un cours d'eau.

Sur la droite, un cavalier accroupi (Esquisse).
Signé H. Vernet, 1811.

Toile. — H. 27 c. L. 22 c.

CHAMPAIGNE (Philippe de)

122 — Tête de Christ.

Bois. — H. 42 c. L. 35 c.

123 — Portrait d'homme.

Signé. Anno 1650. Ph. Champaigne fecit.
Cadre en bois sculpté.

H. 75 c. L. 58 c.

LENAIN

124 — Paysage, vue d'un Temple en ruines avec personnages.

Une date 1746 ou 66.

Toile. — H. 60 c. L. 48 c.

JOUVENET

125 — Saint Bruno agenouillé en prières. Au deuxième plan deux religieux devant un Christ.

Gravé.

Toile. — H. 64 c. L. 54 c.

GRAILLY

126 — Paysage avec cours d'eau.

Toile. — H. 41 c. L. 35 c.

CLOUET

126 — Portrait de la reine Claude, femme de François Ier.

Bois. — H. 27 c. L. 20 c.

LIPPI (Philippe)

127 — Sujets religieux. Dans le bas, inscription : *Ecce Agnus Dei.*

Cadre en bois sculpté.

H. 48 c. L. 39 c.

ROUSSEAU

128 — Coucher du Soleil. Bœuf rentrant à l'étable le long d'un cours d'eau.

Esquisse.

Bois. — H. 34 c. L. 15 c.

MIGNARD (Attribué à)

129 — Tête de Vierge, médaillon sur bois (partie d'un tableau).

Bois. — H. 26 c. L. 00 c.

BOUCHER

130 — Panneau décoratif représentant trois Amours avec des colombes. Grisaille dans la manière rouge.

Toile. — H. 1 m. 26 c. L. 1 m. 25 c.

POUSSIN

131 — Paysage. Au premier plan des lavandières, ruines dans le fond.

Toile. — H. 73 c. L. 60 c.

132 — Paysage, sujet religieux avec personnages.

Toile. — H. 62 c. L. 48 c.

HUET (Attribué à)

133 — Panneau décoratif, paysage avec personnages et animaux.

Toile. — H. 1 m. 12 c. L. 85 c.

CHARDIN

134 — Vase de fleurs.

Toile. — H. 41 c. L. 27 c.

LESUEUR (Attribué à)

135 — Sujet religieux, Mariage de la Vierge.

Toile. — H. 70 c. L. 18 c.

ÉCOLE ITALIENNE

136 — Sujet religieux.

Toile. — H. 69 c. L. 52 c.

137 — Mariage de la Vierge.

INCONNU

138 — Tête de Vierge.

SWEBACH

139 — Paysage avec animaux.

Toile. — H. 75 c. L. 56 c.

140 — Paysage avec animaux.

Toile. — H. 46 c. L. 37 c.

STELLA

141 — Sainte Famille, saint Joseph travaillant avec
l'Enfant Jésus pendant que la Vierge file.

Toile. — H. 37 c. L. 88 c.

142 — La Pêche miraculeuse.

Toile. — H. 43 c. L. 34 c.

MONNOYER

142 — Vase de fleurs.

Toile. — H. 30 c. L. 34 c.

142 *bis* — Vase de fleurs.

ÉCOLE ANGLAISE

143 — Scène de Don Quichotte.

Toile. — H. 43 c. L. 63 c.

LESLIE

144 — Portrait d'un jeune prince.

Toile. — H. 43 c. L. 52 c.

ÉCOLE FRANÇAISE

145 — Deux petites Miniatures.

146 — Deux Portraits de Boilly. Signés.

147 — Deux Portraits de Rameau. Gouaches signées.

148 — Une Tête sur ardoise.

140 — Une Danse sur soie.

150 — Deux Cuivres.

151 — Une Tête.

152 — Un Portrait.

153 — Deux petites Gouachés (Fleurs et Fruits).

154 — Dix petits Tableaux non encadrés.

155 — Dix-huit Toiles non encadrées.

156 — Géricault. Tête de brigand italien.

158 — **Langlois**. Deux Stations de Chemin de croix (la
      Vierge lavant).

150 — Une Esquisse de Proudhon.

160 — Un Combat (Genre Van der Meulen).

161 — Un Portrait de M. de Lyonne avec ses armes.

162 — Jésus sortant du tombeau.

163 — Deux petits Paysages ovales de Lantara.

164 — Un Portrait d'homme Louis XIV.

165 — Un Festin.

166 — Un Moulin de Lenoir.

167 — Un Portrait de femme (Genre Nattier).

168 — Une Bergère avec pigeons (Boucher).

169 — Un Arabe fumant (Decamps).

170 — Grand Paysage (Genre Pater).

171 — Paysage (Dujardin).

ÉCOLE FLAMANDE

172 — Un Combat (bois). Signé S. V.

173 — Une Vierge et l'Enfant (Cuivre).

174 — Intérieur d'église. Signé.

175 — Cinq Portraits. Tableaux en longueur.

176 — Deux Flamands (Genre Van Sten).

177 — Un Panneau (Sainte Famille).

178 — Un grand Tableau sans cadre (Armure).

179 — Un Portrait (Homme et Femme).

ÉCOLE HOLLANDAISE

180 — Un Cuivre (Genre Téniers).

181 — Un grand Tableau (Ecole Van der Neer).

182 — Une grande Marine (Ecole Van Goyen).

183 — Un Portrait d'homme, de Sustermann.

184 — Saint André (Cuivre).

185 — Une Vierge et l'Enfant Jésus (Ecole de Rubens).

186 — Un Poisson (Andyussen).

187 — Portrait d'homme. Cadre sculpté.

188 — Un Paysage.

189 — Paysage.

ECOLE ESPAGNOLE

190 — Un Portrait.

191 — Un Buveur.

ÉCOLE ITALIENNE

192 — Une Vénus coupant les ailes à l'Amour.

193 — Une Assomption. Provenant de la vente de la duchesse de Berry.

194 — Grisailles décoratives sur bois?

195 — Un Tableau (Fruits).

196 — Sainte Cécile percée d'une flèche (École du Guide).

197 — Paysage.

198 — Sainte Madeleine.

199 — Une Décollation de saint Jean-Baptiste.

200 — Saint Sébastien. Grande toile du Guide.

201 — Un Intérieur d'église, par Fontaine (Bois).

202 — Une Tabagie, par Defrance (Bois).

203 — Quatre petits Tableaux.

GRAVURES ET DESSINS

204 — Trois Portraits au crayon noir.

205 — Les douze Heures de Raphaël.

206 — Deux Portraits (Louis XVI et Marie-Antoinette).

207 — Plusieurs Cartons de Gravures anciennes.

208 — Six Dessins de Van der Meulen.

IVOIRES

209 — Un Saint Michel terrassant le Démon.

210 — Un Panier chinois en ivoire à jour.

211 — Un Triptyque en ivoire.

212 — Deux Groupes en ivoire (Portement de Croix).

213 — Un Ivoire du XIIIe siècle (Vierge et Enfant Jésus).

214 — Deux Vierges en ivoire.

215 — Quatre Plaques en ivoire.

216 — Une Râpe en ivoire.

217 — Un Chevalier en ivoire.

218 — Deux Statuettes (l'Enfer et le Purgatoire).

219 — Un Éventail en ivoire, avec personnages découpés.

220 — Deux Statuettes.

221 — Un Panier en filigrane, avec émaux cloisonnés de
la Chine.

OBJETS DIVERS

221 *bis* —Deux petits Vases en Sèvres, pâte tendre bleu
turquoise; décor de fleurs, monture Louis XVI
en bronze doré (Écrin).

222 — Deux Chandeliers à personnages, à deux branches.
223 — Deux autres Chandeliers Louis XV, à deux branches.
224 — Deux paires de Mouchettes.
225 — Un Réchaud Louis XV.
226 — Trois Châtelaines.
227 — Plusieurs vieux Cachets.
228 — Deux vieux Vitraux anciens
229 — Plusieurs Pièces en vernis Martin.
230 — Cent Pièces : Assiettes et Saladiers en vieilles faïences.
231 — Cent cinquante Pièces : Assiettes et Plats en Delft, Moustiers, Chine, Rouen, Nevers, etc.

—

MEUBLES ANCIENS, ÉTOFFES

232 — Bahut italien Louis XIII en ébène, avec son pied en bois sculpté.
233 — Bahut en bois sculpté à deux corps.
234 — Coffre italien du XIII siècle, avec décor au feu à personnages (Histoire d'Actéon).
235 — Etagère ancienne en bois sculpté.
236 — Table Henri II en bois sculpté.
237 — Table Louis XIII en bois sculpté.
238 — Fauteuil en bois sculpté, recouvert en tapisserie.

230 — Superbe Écran en tapisserie au petit point (Sacrifice d'Abraham), venant de l'ancienne abbaye de Marmoutiers, près Tours. Monture plus moderne en bois sculpté.

240 — Glace Louis XIII, cadre ébène et cuivre.

241 — Pendule Louis XIII (Religieuse).

242 — Cabinet italien en marqueterie de bois.

243 — Tableau en tapisserie au point (Vierge).

244 — Morceau de Tapisserie au point.

245 — Tric-Trac ancien Louis XV.

246 — Plusieurs Cadres anciens en bois sculpté, de forme ovale et carrée, époque Louis XIV, Louis XV et Louis XVI.

247 — Panneaux en bois sculpté.

248 — Clés anciennes, Fers, Armes, etc.

249 — Tapisseries anciennes.

250 — Costumes Louis XV.

251 — Portrait en cire.

252 — Sous ce numéro seront vendus les Objets non catalogués.

NOTA. — L'Exposition des Objets ayant été faite avant la vente, il ne sera pas admis de réclamations une fois l'adjudication prononcée.

Ve Renou, Maulde et Cock, imp⁰⁰ de la Compagnie des Commissaires-Priseurs, rue de Rivoli 144.

www.ingramcontent.com/pod-product-compliance
Lightning Source LLC
LaVergne TN
LVHW022248030726
842520LV00009B/1593